NOTE HISTORIQUE

SUR LES PROCÈS

DE MARIE-ANTOINETTE,

REINE DE FRANCE,

ET DE MADAME ÉLISABETH.

DE L'IMPRIMERIE DE J. GRATIOT.

NOTE HISTORIQUE

SUR LES PROCÈS

DE MARIE-ANTOINETTE

D'AUTRICHE,

REINE DE FRANCE,

ET

DE MADAME ÉLISABETH

DE FRANCE,

AU TRIBUNAL RÉVOLUTIONNAIRE;

PAR M. CHAUVEAU-LAGARDE, AVOCAT,
LEUR DÉFENSEUR.

〰〰〰

PARIS.

GIDE, LIBRAIRE, RUE SAINT-MARC, N° 20.
DELAUNAY, LIBRAIRE, PALAIS ROYAL, GALERIE DE BOIS.

1816.

NOTE HISTORIQUE

SUR LES PROCÈS

DE MARIE - ANTOINETTE

D'AUTRICHE,

REINE DE FRANCE,

ET DE MADAME ÉLISABETH

DE FRANCE,

AU TRIBUNAL RÉVOLUTIONNAIRE.

~~~~~~~~~~

Depuis long-temps je conservais, pour moi seul, les matériaux sur lesquels je viens de rédiger cette Note historique.

J'ai d'abord eu l'idée de la publier en 1814,

1

après le retour de la famille royale en France ; et je l'aurais fait imprimer dès-lors, si dans ces premiers momens d'une allégresse universelle, je n'avais pas craint d'affliger, par de cruels souvenirs, des cœurs trop sensibles, et de renouveler ainsi de trop augustes et trop respectables douleurs.

Mais aujourd'hui, les circonstances semblent m'imposer l'obligation de la faire paraître, depuis que la Providence vient de nous révéler le secret des dernières volontés de la Reine, dans la lettre, par elle adressée à madame Élisabeth de France, après son jugement ; puisqu'un tel écrit atteste à l'univers l'*inaltérable courage*, et l'*inépuisable bonté* qu'elle a fait éclater à ses derniers momens ; et que c'est aussi précisément *sous ces deux rapports* que ma Note la présente à la vénération des peuples.

Je me détermine donc à la livrer à l'impression, comme un doulôureux hommage que je rends à la mémoire de cette auguste et malheureuse Reine, ainsi qu'à celle de madame Élisabeth de France. Après avoir été, pendant leur vie, étroitement unies par les plus doux liens de l'amitié, le même sort les a rassemblées au ciel pour y recevoir la même palme du martyre : n'est-il pas juste, en les pleurant à la fois, l'une et l'autre, de leur élever dans nos cœurs, comme un seul et même monument qui soit, s'il est possible, expiatoire des crimes affreux dont elles ont été les victimes ?

PROCÈS DE LA REINE.

Je me trouvais à la campagne le 14 octobre 1793, lorsqu'on vint m'avertir que j'étais nommé avec M. Tronçon-Ducoudray pour défendre la Reine au tribunal révolutionnaire ; et que les débats devaient commencer dès le lendemain, à huit heures du matin.

Quelques personnes ont vanté le prétendu courage qu'il nous fallut alors pour accepter cette tâche à la fois honorable et pénible : elles se sont trompées. Il n'y a point de vrai courage sans réflexion. Nous ne songeâmes pas même aux dangers que nous allions courir.

1.

Je partis, à l'instant, pour la prison, plein du sentiment d'un devoir si sacré, mêlé de la plus profonde amertume.

La prison de la Conciergerie est, comme on le sait, la prison des accusés qui sont sur le point de passer en jugement, ou qui doivent, après leur condamnation, aller à la mort.

Après avoir passé deux guichets, on trouve un corridor obscur, à l'entrée duquel on ne peut se conduire qu'à la lueur d'une lampe, qui y reste constamment allumée.

A droite, sont des cachots : à gauche, est une chambre où la lumière pénètre par deux croisées garnies de barreaux de fer, et donnant au niveau d'une petite cour, appelée la *Cour des Femmes*, parce qu'elle est habitée par les prisonnières.

Cette chambre, où fut renfermée la Reine, était, alors, divisée en deux parties par un paravent. A gauche, en entrant, était un gendarme avec ses armes. A droite, étaient, dans la partie occupée par la Reine, un lit, une table, deux chaises : Sa Majesté était vêtue de blanc avec la plus extrême simplicité.

Il n'est personne qui, se transportant, en idée, dans un tel lieu, et se mettant à ma place, ne sente, ce que je dus éprouver, en y voyant l'épouse de l'un des plus dignes héritiers de Saint-Louis, l'auguste fille des Empereurs de l'Allemagne, une Reine qui, par ses grâces et sa bonté, avait fait les délices de l'une des cours les plus brillantes de l'Europe, et qui était l'idole de la nation française.

En abordant la Reine avec un saint respect, mes genoux tremblaient sous moi ; j'avais les yeux humides de pleurs ; je ne pus cacher le trouble dont mon âme était agitée ; et mon embarras fut tel, que je ne l'eusse éprouvé jamais à ce point, si j'avais eu l'honneur d'être présenté à la Reine, et de la voir, au milieu de sa cour, assise sur un trône, environnée de tout l'éclat de sa couronne.

Elle me reçut avec une majesté si pleine de douceur, qu'elle ne tarda pas à me rassurer, par la confiance, dont je m'aperçus bientôt qu'elle m'honorait, à mesure que je lui parlais et qu'elle m'observait.

Je lus avec elle son acte d'accusation, qui fut connu, dans le temps, de toute l'Europe, et dont je ne rappellerai point ici les horribles détails.

Il me suffit de dire, en deux mots, qu'il reproduisait, sous des formes, et avec des expressions différentes, la monstrueuse accusation intentée contre S. M. Louis XVI, d'une prétendue conspiration contre la liberté du peuple français : comme on verra bientôt que l'acte d'accusation de madame Élisabeth de France, n'était que la répétition de celle intentée contre la Reine. Il n'y avait de différence dans ces accusations, que quelques imputations qui étaient personnelles à chacune de ces augustes victimes, et que la plus stupide et la plus infame calomnie adaptait à leur situation particulière. Le Roi était *inviolable*; ni Sa Majesté, ni la Reine, ne pouvaient être soumis à une législation *postérieure* aux événemens réels ou supposée, qui servaient de prétexte à l'accusation : et

cependant les accusateurs, foulant aux pieds
ces deux grandes règles fondamentales de
l'ordre social et de l'ordre judiciaire, *l'invio-
labilité des souverains* et *là non rétroactivité
des lois ;* se virent obligés de chercher dans
le code révolutionnaire un protocole banal
d'accusation, qui pût servir à leurs odieux
projets. La Reine fut accusée, à peu près
comme l'avait été le Roi, d'une *prétendue
conspiration contre la France*, avec les puissances étrangères, et d'une *prétendue conspiration* avec les ennemis intérieurs : et la
postérité la plus reculée se rappellera toujours avec horreur, qu'on avait ajouté à ces
deux chefs principaux, des calomnies si gros-
sières et si révoltantes, qu'elle aura peine à
croire que cette accusation n'ait pas été, dans
un siècle d'ignorance et de barbarie, rédigée
par des cannibales.

A la lecture de cet œuvre de l'enfer, moi
seul fus anéanti. La Reine, sans s'émouvoir,
me fit ses observations. Elle s'aperçut, et je
le remarquai aussi, que le gendarme pouvait
entendre une partie de ce qu'elle disait. Mais,
en témoignant n'en avoir aucune inquiétude, elle continua de s'expliquer avec la

même sécurité (1). Je pris mes premières notes pour sa défense. Je montai au greffe, pour y examiner ce qu'on appelait les pièces du procès. J'en trouvai un amas si confus et si volumineux, qu'il nous eût fallu des semaines entières pour les examiner. Je redescendis à la prison pour en faire part à la Reine; et je crois encore être présent à l'entretien que j'eus à cette occasion l'honneur d'avoir avec Sa Majesté.

Sur l'observation que je lui fis, qu'il nous serait impossible de connaître ces pièces en si peu de temps, et qu'il était indispensable d'avoir un délai pour les examiner; mais qu'on nous le refuserait si c'était nous-mêmes qui le réclamassions; tandis qu'au contraire, nous pensions qu'un seul mot de Sa Majesté suffirait pour nous l'obtenir :

---

(1) La Reine avait alors auprès d'elle, pour la garder, dans sa chambre, l'officier de gendarmerie de Busne, qui fut remplacé dès le lendemain matin, et depuis persécuté, pour avoir, à la première séance des débats, présenté respectueusement son bras à la Reine, afin de la soutenir, lorsqu'épuisée de fatigue elle avait demandé à boire un verre d'eau.

« A qui, me dit la Reine, faut-il s'adresser pour cela ? »

Je craignais de m'expliquer : et comme je prononçai, à voix basse, le nom de la *convention nationale* :

« Non, répondit la Reine en détournant la » tête ; non, jamais. »

J'insistai ; en représentant à la Reine qu'étant chargés de la défendre, notre devoir était de ne rien négliger pour confondre la calomnie ; que nous étions déterminés à le remplir du mieux qu'il nous serait possible ; que sans l'examen des prétendus papiers du procès, notre volonté serait, du moins en partie, impuissante ; que, d'ailleurs, je ne proposais pas à Sa Majesté de former en son nom une demande à cette assemblée, mais de lui adresser au nom de ses défenseurs, une plainte contre une précipitation qui était, aux termes des lois, un véritable déni de justice.

En parlant ainsi je vis la Reine ébranlée. Mais elle ne pouvait encore se résoudre à une démarche qui lui répugnait. Je continuai

en la suppliant de m'excuser , si je revenais
sur un sujet que je sentais bien lui être
pénible ; et je lui demandai, avec respect,
la permission de lui soumettre une dernière observation qui lui semblerait peut-
être avoir quelque force. C'est que nous
avions à défendre dans la personne de Sa
Majesté , non pas seulement la Reine de
France , mais encore la veuve de Louis XVI,
la mère de ses enfans, et la belle-sœur des
frères du Roi, qui se trouvaient, comme on
le sait , nommément désignés avec elle dans
l'accusation.

Cette dernière idée réussit ; et à ces mots
de *sœur*, d'*épouse* et de *mère*, la nature
l'emporta sur la souveraineté : et la Reine,
sans proférer une seule parole, mais laissant
échapper un soupir, prit la plume, et écrivit
à l'assemblée , en notre nom, deux mots
pleins de noblesse et de dignité, par lesquels,
en effet, elle se plaignait de ce qu'on ne nous
avait pas laissé le temps d'examiner les pièces
du procès, et réclamait pour nous le délai
nécessaire.

Je ne sais si je me trompe ; mais il me semble qu'en cette occasion, la Reine remporta sur elle-même une belle victoire : puisque la juste horreur et le mépris si légitime qu'elle avait pour la convention nationale, ne purent résister au premier mouvement de son amour pour sa famille.

La réclamation de la Reine fut remise à Fouquet-Tinville ; il promit de la communiquer à l'assemblée : mais il n'en fit aucun usage, ou du moins il en fit un usage inutile : car *le lendemain, les débats commencèrent à huit heures du matin.* Ils continuèrent, sans interruption, jusqu'à quatre heures après-midi ; furent suspendus jusques à cinq ; et reprirent jusqu'au lendemain quatre heures du matin : de manière que, sauf un instant de relâche, ils durèrent environ *vingt heures consécutives,* pendant lesquelles une foule de témoins furent successivement entendus.

Qu'on se représente, s'il est possible, toute la force d'âme qu'il fallut à la Reine, pour supporter les fatigues d'une aussi longue et aussi horrible séance ; en spectacle à tout un peuple ; ayant à lutter contre des monstres avides de sang ; à se défendre de tous les piéges qu'ils lui tendaient, à détruire toutes leurs objections, à garder toutes les convenances et toutes les mesures, et à ne point rester au-dessous d'elle-même.

Il faut avoir été présent à tous les détails de ce débat trop fameux, pour avoir une juste idée du beau caractère que la Reine y a développé.

M. de Montjoie, dans son Histoire de la vie de la Reine, observe avec raison, *comment, plus occupée des autres que d'elle-même, elle mit tous ses soins à ne compromettre aucune des personnes qui lui avaient été attachées ;* et cette généreuse attention se manifesta surtout en faveur de l'officier qui avait pénétré jusque dans la prison, et qui avait laissé tomber à ses pieds un œillet renfermant quelques mots mystérieux de dévouement et d'offres de service. Rien n'est plus remarquable que la sagesse et la mesure de ses réponses dans cette occasion si délicate, où la soudaine inspiration de sa bonté lui suggérait, en quel-que sorte, autant de précautions et d'art pour la défense des autres, que le profond sentiment de son innocence lui inspirait de noblesse, de franchise et de fierté dans sa défense personnelle.

M. de Lacretelle, dans son Précis historique de la Révolution française, parle de *cette admirable candeur avec laquelle, malgré ses préventions ou ses ressentimens contre quelques personnes que le tribunal voulait compromettre, au lieu de les accuser ainsi que le tribunal l'aurait désiré, elle avait au contraire, en déniant constamment les faits qu'il supposait à leur charge, parlé le langage de la vérité, lors même qu'elle augmentait ses propres dangers en la déclarant.*

Le même auteur observe encore *avec quels ménagemens et quelle habileté elle avait su trouver dans son cœur les moyens de justifier de leur humanité le petit nombre des commissaires de la commune qui avaient respecté les malheurs des prisonniers du Temple.*

Toutes ces remarques judicieuses annoncent assez que la Reine fut, dans son procès, comme elle l'avait toujours été durant tout le cours de sa vie, admirable par *sa bonté.*

En voici, d'ailleurs, quelques traits que j'ai recueillis dans ses autres réponses.

On reprochait à la Reine d'avoir entretenu, avant la révolution, des rapports politiques avec le Roi de Bohême et de Hongrie.

Elle répond : « Qu'elle n'a jamais entretenu » avec son frère que des rapports d'amitié, » et point de politique ; mais que si elle en » avait eu de ce genre, ils *auraient été tous* » *à l'avantage de la France*, à laquelle elle te- » nait par la famille qu'elle avait épousée. »

On lui faisait ce reproche si banal et si ri- dicule, que depuis long-temps la calomnie ré- pétait sans cesse, « *d'avoir dilapidé les finan-* » *ces en envoyant des fonds à son frère.* »

Elle répond : « *Que ce moyen est usé contre* » *elle ; qu'elle aimait trop son époux pour di-* » *lapider l'argent de son pays : que son frère,* » *au reste, n'avait pas besoin de l'argent de*

» *la France ;* et que d'ailleurs, elle ne lui en
» aurait jamais envoyé , d'*après les principes*
» *qui l'attachaient aux Français.* »

On l'accuse, d'avoir constamment nourri
avec le Roi le projet de détruire la liberté, *en*
remontant sur le trône, à quelque prix que ce
soit.

Elle répond : « Que le Roi et elle *n'avaient*
» *pas besoin de remonter sur le trône, puis-*
» *qu'ils y étaient ;* qu'ils n'avaient , au reste,
» jamais désiré rien autre chose *que le bon-*
» *heur de la France* ; et qu'il leur aurait suffi
» *que la France fût heureuse, pour qu'ils le*
» *fussent eux-mêmes.* »

On lui faisait un crime d'avoir applaudi à la
journée du 1er octobre , où l'on supposait que
les gardes du corps, *dans l'épanchement de*
l'ivresse, avaient exprimé leur dévouement
pour le trône et leur aversion pour le peuple,
en *foulant aux pieds la cocarde nationale,*
pour arborer la cocarde blanche.

Elle répond : « Qu'elle avait *été touchée du*

» *sentiment qui animait cette fête ;* qu'au reste,
» il *n'était pas besoin d'ivresse* pour que les
» gardes du corps témoignassent leur attache-
» ment au Roi ; et qu'à l'égard de la cocarde
» nationale, il n'était pas *vraisemblable que*
» des personnes *aussi dévouées que les gardes*
» *du corps,* eussent voulu fouler aux pieds
» une marque que le Roi *lui - même avait*
» *adoptée.* »

On lui reproche d'avoir, avec le Roi,
trompé le peuple.

Elle répond : « Que, sans doute, *le peuple*
» *a été trompé ;* qu'il l'a *même été cruellement ;*
» mais que ce n'est assurément ni par le Roi,
» ni par elle, qui l'ont toujours *également*
» *aimé.* »

Bientôt, ne sachant plus quels prétendus
faits de conspiration trouver dans ses actions
et dans ses paroles ; on veut en quelque sorte
lui chercher des torts jusque dans le fond de
son âme, et on lui fait diverses questions sur
ses opinions politiques et sur ses pensées les
plus secrètes, en lui demandant :

Si elle prenait intérêt aux armes de la République ?

Si elle pensait que les Rois fussent nécessaires au bonheur des peuples?

Et si elle regrettait le trône pour son fils?

Elle répond à la première question :

« Qu'elle désire, par-dessus tout, *le bonheur* » *de la France.* »

A la seconde,

« Qu'un individu ne peut pas décider de » ces choses ; »

Et à la troisième,

« Qu'elle ne regretterait jamais rien pour » son fils, *quand son pays serait heureux.* »

Que dis-je? ce n'était pas assez de scruter sa pensée ; il fallait encore empoisonner les plus douces affections de son cœur, pour les lui opposer comme des crimes.

On lui reproche,

D'avoir au Temple *traité son fils* (Louis XVII)

2

comme un Roi, en le plaçant près d'elle au haut de la table, et de lui avoir inculqué des erreurs, au lieu de l'élever dans les principes de la révolution.

Elle répond,

« Que son fils est trop jeune pour l'avoir
» jamais entretenu de révolution; mais que si
» elle l'avait placé près d'elle au haut de la
» table, *c'était pour le soigner, et lui servir*
» *elle-même ce dont il avait besoin.* »

N'y a-t-il pas dans toutes ces réponses un mélange de raison et de dignité, au milieu desquelles pourtant la bonté de la Reine prédomine avec un éclat bien remarquable dans les expressions les plus vives de son amour pour les Français, pour sa famille, pour le Roi, pour son fils; et n'y a-t-il pas, surtout, quelque chose d'attendrissant dans la noble et touchante simplicité de ces dernières paroles :

« Que si elle avait placé son fils près d'elle
» au haut de la table, *c'était pour le soigner*

» *et lui servir elle-même ce dont il avait*
» *besoin.* »

Hélas ! cet amour si profond et si vif que
la Reine portait à ses enfans, elle en avait
déjà donné dans la prison du Temple, des
marques éclatantes, parmi lesquelles je demande qu'il me soit permis d'en citer une
seule, qui, bien qu'antérieure à son procès,
s'y rattache naturellement.

Un des plus fidèles sujets de Sa Majesté,
M. de Jarjayes, alors maréchal de camp, et
chargé du dépôt de la guerre, avait préparé
à la Reine tous les moyens de s'évader du
Temple, de concert avec l'infortuné com-
missaire du Temple, Toulan, qui lui servait
d'intermédiaire, entre la Reine et lui, et
qui depuis a payé de sa tête son noble dévouement.

Déjà la Reine était sur le point de sortir :
et elle serait sortie, en effet, si elle avait pu
emmener avec elle madame Élisabeth, et ses
deux enfans, Louis XVII et Madame. Mais
du moment où elle vit que cela n'était pas
possible, elle s'y refusa, plutôt que de se

2.

séparer de ces êtres qui lui étaient si chers ;
toutes les horreurs et tous les dangers de sa
captivité n'étaient rien en comparaison du
bonheur de les avoir auprès d'elle ; sa tendresse maternelle fut plus forte en son cœur
que l'amour de la liberté et même de la vie;
et elle adressa à M. de Jarjayes une lettre que
j'ai vue tout entière écrite de sa propre main,
et dont voici les expressions :

« Nous avons fait un beau rève, voilà
» tout. *Mais nous y avons beaucoup gagné;*
» en trouvant dans cette occasion une nou-
» velle preuve de votre entier dévouement
» pour moi. Ma confiance en vous est sans
» bornes. Vous trouverez dans toutes les oc-
» casions en moi, du caractère et du courage.
» Mais l'intérêt de mon fils est le seul qui me
» guide. *Quelque bonheur que j'eusse éprouvé*
» *à être hors d'ici,* je ne peux pas consentir
» à me séparer de lui : je ne pourrais jouir de
» rien sans mes enfans, *et cette idée ne me*
» *laisse pas même un regret.* »

Tels furent les doux sentimens et les pures affections que manifesta constamment la

Reine pendant tous les débats. Mais si elle y fut *admirable par la bonté de son cœur*, elle s'y montra, s'il est possible, plus admirable encore par *sa présence d'esprit et sa fermeté d'âme.* C'est ce que prouvent déjà quelques-unes de ses réponses précédentes ; comme lorsqu'elle a dit :

« Que son frère *n'avait pas besoin de l'ar-» gent de la France ;*

» Que le Roi et elle *n'avaient pas besoin de » remonter sur le trône , puisqu'ils y étaient ;*

» Que les gardes du corps *n'avaient pas » besoin d'ivresse* pour témoigner leur atta-» chement au Roi ;

» Et qu'il était vrai que le peuple *avait été » trompé, et l'avait même été cruellement.* »

Mais c'est encore ce qui résulte de plusieurs circonstances dont quelques-unes, du moins, n'ont pas été bien appréciées par les auteurs qui en ont parlé, parce qu'ils n'ont pas été à portée, comme moi, de les bien connaître.

Après la première séance, nous nous reti-râmes à la prison, pour conférer un instant

sur les débats qui venaient d'avoir lieu ; toujours environnés des gendarmes qui ne nous
quittaient point.

La Reine avait vu le nom de Manuel sur
la liste des témoins qui devaient être entendus
le soir. Sachant qu'il avait été procureur de la
commune à l'une des plus horribles époques
de la révolution, elle ne devait pas bien au-
gurer de son caractère, et elle craignait qu'il
ne mentît à sa conscience dans sa déposition.
Mais il faut rendre à la mémoire de Manuel
cette justice d'avouer qu'il fut, en cette occasion, assez véridique, pour ne rien dire
qu'on pût même interpréter au désavantage
de la Reine.

Cependant la Reine me demanda ce que
je pensais des dépositions qu'on venait d'entendre, en me les résumant avec une parfaite exactitude, et en se plaignant avec
amertume des impostures dont la plupart de
ces dépositions étaient remplies. Je lui ré-
pondis, comme cela était vrai, que non-seu-
lement il n'y avait aucune preuve (ce qui
était impossible) de toutes les ridicules calom-

nies de ces témoins, mais qu'il n'y en avait
pas le plus léger indice ; et qu'elles se détrui-
saient au contraire par leur grossièreté même,
ainsi que par la bassesse et l'abjection de leurs
auteurs.

« Dans ce cas , me dit la Reine, je ne crains
» plus que Manuel. » Et l'officier de gendarmerie de Busne étant alors remplacé, il parut
par la suite, que ces mots de la Reine avaient
été entendus par les gendarmes , qui les rap-
portèrent au tribunal.

Il est, au reste , bien facile de compren-
dre le véritable sens de ces paroles.

Assurément la Reine était si pure de tous
les reproches absurdes qu'on lui faisait dans
son accusation, qu'elle n'aurait eu rien à re-
douter de la justice, dans la supposition où
elle eût pu se trouver appelée devant la justice elle-même ; et s'il lui avait été possible de
croire que les prétendus témoins produits
contre elle au procès, eussent été dignes de
croyance, elle n'aurait, à cet égard, eu lieu
de manifester aucune crainte.

Mais elle n'avait que trop l'affreuse expérience du contraire ; et comme elle savait la conduite qu'avait tenue Manuel en sa qualité d'homme public , elle supposait que dans sa bouche la calomnie pourrait avoir plus d'influence sur le tribunal ; elle craignait , en conséquence, qu'à l'exemple de beaucoup d'autres témoins qui avaient déposé dans la séance précédente, il ne vînt aussi à la calomnier comme eux; et c'est là l'espèce d'inquiétude que la Reine avait manifestée.

Ce qui est encore également certain, c'est que cette question et cette réponse annoncent que la Reine, tranquille avec elle-même , se livrait à l'espérance ; et que néanmoins il lui fallait bien *du sang froid pour s'occuper ainsi de l'appréciation des hommes et des choses ;* et par conséquent *UN GRAND COURAGE JUSQUE DANS LA MANIFESTATION MÊME DE SES CRAINTES.*

Dans la séance suivante, la Reine donna de *sa présence d'esprit* et de *sa force d'âme,* une marque encore plus signalée.

Au moment le plus pénible des débats, où elle venait d'éprouver les plus violentes émotions, et après l'une de ses plus belles réponses à une affreuse interpellation de l'un des jurés, elle avait excité dans l'assemblée un mouvement d'admiration qui fit suspendre un instant les débats. Elle s'aperçut de l'impression qu'elle venait de produire, et m'ayant fait signe de monter aux gradins pour m'approcher d'elle, Sa Majesté me dit, à voix basse : *N'ai-je pas mis trop de dignité dans ma réponse ?*

« Madame, lui répondis-je, soyez vous-
» même, et vous serez toujours bien ; mais
» pourquoi me faites-vous cette question ?

» C'est, reprit la Reine, que j'ai entendu
» une femme du peuple dire à sa voisine :

Vois-tu, comme elle est fière !

Cette observation de la Reine fait voir encore qu'*elle espérait ;* et prouve aussi que, dans la pureté de sa conscience, il fallait qu'elle fût *bien maîtresse d'elle-même,*

PUISQU'AU MILIEU DES PLUS GRANDES AGI-
TATIONS DE L'AME, *elle entendait tout ce
qu'on disait autour d'elle*, et qu'elle cher-
chait, dans l'intérêt de son innocence, à
régler sur sa situation, et son silence et ses
paroles.

Parmi tous les traits de cette noble fierté
de caractère que la Reine a fait éclater dans
les débats, je me contenterai d'en rappeler
encore un seul.

M. le comte d'Estaing avait déposé, que le
5 octobre il avait entendu des conseillers de
cour dire à la Reine que le peuple de Paris
allait arriver pour la massacrer ; à quoi elle
avait répondu :

« Si les Parisiens viennent ici pour m'as-
» sassiner, c'est aux pieds de mon mari que
» je le serai, mais je ne le quitterai pas. »

Le président du tribunal demanda à la
Reine si cela était vrai. La journée du 5 octobre était précisément un des prétendus
actes de conspiration qu'on lui reprochait ;

et pour rendre la Reine odieuse aux Parisiens, il se proposait de lui faire un crime d'avoir pu même les soupçonner.

La Reine s'aperçut bien du perfide objet de sa question ; mais elle n'en répondit pas moins avec assurance :

« Cela est exact : on voulait m'engager à » partir seule, parce que, disait-on, *il n'y* » *avait que moi qui courusse des dangers* »

C'est avec *cette constante fermeté*, accompagnée d'*une bonté si touchante*, que la Reine s'est défendue durant tout le cours de son affreux procès, où, d'ailleurs, elle a montré la pénétration et la sagacité les plus extraordinaires à relever sans amertume, et par la seule force d'une raison supérieure et d'une mémoire imperturbable, toutes les erreurs, tous les anacronismes, et toutes les turpitudes dont son accusation était remplie.

Lorsque les débats furent terminés, nous obtînmes un instant pour nous concerter, mon collègue et moi, sur le plan de nos plaidoiries.

M. Tronçon-Ducoudray se chargea de la défense sur l'accusation de *la prétendue conspiration avec les ennemis de l'intérieur*, et moi sur l'accusation de *la prétendue cons-piration à l'extérieur avec les puissances étrangères.*

A peine étions-nous convenus de cette division, et nous étions-nous communiqué réciproquement les notes qui pouvaient avoir quelque rapport à la partie de la cause dont chacun de nous était chargé, qu'au bout d'*un quart d'heure*, nous fûmes rappelés à l'audience, et dès-lors obligés de parler *sans préparation.*

Sans doute, quelque talent que développa M. Tronçon-Ducoudray dans sa plaidoirie, et quelque zèle que je pourrais avoir mis dans la mienne, nos défenses furent nécessairement au-dessous d'une telle cause, pour laquelle toute l'éloquence d'un Bossuet ou d'un Fénélon n'aurait pu suffire, ou serait restée, du moins, impuissante.

Mais comme ici le Moniteur, et après lui quelques écrivains, soit par erreur, soit par toute autre cause, n'ont pas dit la vérité, il importe de la faire connaître.

Il est des personnes qui se sont fait une fausse idée de la nature de nos fonctions de défenseurs, ainsi que de l'espèce de dévouement que nous mettions à bien remplir les devoirs qui nous étaient imposés, à cette époque désastreuse.

Chargés de défendre la Reine, n'est-il pas vrai que ses défenseurs durent se bien pénétrer de la nature de leurs fonctions et de l'étendue de leurs devoirs? c'est ce que nous avions fait, dès le principe, en acceptant notre mission ; c'est encore ce que nous fîmes en ce moment difficile, en nous demandant à nous-mêmes le genre de défense que nous allions employer.

Est-il juste de dire, ainsi que l'ont allégué

bien légèrement quelques personnes aveuglées par la prévention, que, dès le principe, nous aurions dû conseiller à la Reine de *garder le silence?* ou que du moins nous devions, après les débats, nous borner, pour unique plaidoirie, *à récuser le tribunal avec toute l'horreur qu'il nous inspirait?*

Nous pensâmes, au contraire, que, sous les dehors d'une raison apparente et d'un courage affecté, c'eût été, de notre part, un acte de faiblesse et de folie.

Avant que nous fussions chargés de la défense de la Reine, déjà la Reine venait de subir des interrogatoires auxquels elle avait cru devoir répondre, parce que, sans doute, elle s'était rappelé l'exemple du Roi lui-même, qui n'avait point dédaigné de se défendre devant des hommes qui n'étaient pas plus en droit de juger Sa Majesté, que le tribunal de juger la Reine ; que, dès-lors, la Reine aura voulu, comme le Roi, confondre la calomnie, en montrant, à l'instar de Sa Majesté, un grand caractère; et que du moment où le Roi qui, d'ailleurs, avait

pour conseils *la vertu, le savoir,* et *le talent
réunis,* n'avait pas cru que ce beau triomphe
de l'innocence sur le crime fût au-dessous de
Sa Majesté, il n'était pas possible que la Reine
le regardât comme un triomphe indigne d'elle.

Or, était-il, après cela, permis à ses défenseurs d'abandonner une lutte dans laquelle
la Reine même s'était engagée? et s'ils l'eussent fait, sous le prétexte d'une récusation
que les lois d'alors ne pouvaient pas admettre,
et qui, par conséquent, n'aurait eu d'autre
effet que de contrarier, sans nécessité, les
vues de la Reine elle-même, et d'irriter contre
elle ses bourreaux, quel reproche n'auraient-
ils pas mérité?

D'un autre côté, devaient-ils, en plaidant,
faire éclater devant le tribunal toute l'indignation dont ils étaient pénétrés contre les
lois révolutionnaires et leurs féroces exé-
cuteurs?

Ce n'est que dans les chaires chrétiennes
ou dans les livres de philosophie et de morale, que le devoir de l'orateur et de l'écri-
vain, est de faire entendre et de propager,

sans aucune réserve et sans aucun ménage-
ment, les vérités les plus terribles.

Mais cette inflexibilité serait déplacée dans
les tribunaux, ou plutôt elle y serait contraire aux devoirs d'un défenseur ; puisque
la loi même qui nous charge des intérêts de
l'innocence, nous impose en même temps
l'obligation de ne rien dire qui puisse la compromettre.

Or, assurément, un homme qui se serait
oublié devant les prétendus juges de la Reine,
au point d'y faire éclater en leur présence,
le mépris et l'indignation qu'ils lui inspi-
raient, n'aurait fait qu'augmenter les dangers
que courait l'innocence.

Quelles étaient donc alors nos véritables
obligations, et quel fut le genre de défense
que les circonstances et la raison nous per-
mirent d'employer dans la cause de la
Reine ?

Nous ne pouvions pas nous abandonner
à ces élans de l'âme, auxquels nous avons

coutume de nous livrer devant les tribunaux ordinaires , par notre confiance dans la justice, et par notre horreur pour la mauvaise foi, le mensonge et la calomnie.

Au contraire, nous étions obligés de comprimer en nous tous ces sentimens ; et, par cela même, notre mission n'en devenait que plus difficile.

Le moyen principal et, pour ainsi dire, le seul que nous pussions employer était le raisonnement ; et nous épuisâmes en effet tous nos efforts pour détruire les prétendues preuves que nous avions à combattre.

Notre tâche était encore de confondre les témoins qui, dans ce tribunal horrible, étaient presque toujours vendus au parti révolutionnaire ; et c'est ce que nous fîmes avec soin, mais non sans un grand danger, parce que nous ne pouvions faire usage de ces armes sans blesser l'orgueil des accusateurs, et exciter, par la force de la vérité, toutes les révoltes de leur conscience.

Au reste, et dans toutes les occasions,

3

nous cherchions à faire passer dans l'âme de
ceux qui nous écoutaient la profonde conviction dont nous étions pénétrés nous-mêmes.
Nous avions l'expérience qu'il n'était pas impossible d'arracher à la mort des accusés dont la
condamnation paraissait arrêtée d'avance : lors
même que tout était perdu ou désespéré, notre
horreur pour l'injustice, la force de l'évidence,
l'intérêt que nous portions à la vertu et à l'innocence opprimée, tout cela suppléait en nous,
autant qu'il est possible, à l'espérance elle-
même ; ou plutôt, comme nous étions alors
identifiés avec l'accusé, nous partagions toutes
ses émotions, et nous livrant, comme lui,
par sentiment, à un espoir que la raison pouvait désavouer, nous parlions le même langage que si nous eussions eu la certitude de
réussir ; et jamais nous n'avions eu cette douce
illusion à un plus haut degré que dans la défense de la Reine et de madame Elisabeth de
France, parce qu'aucune autre condamnation
ne nous ayant jamais semblé plus injuste, plus
barbare et même plus impolitique, il nous paraissait impossible que, malgré la perversité des
temps, on se portât à un tel excès de barbarie.

Tels étaient nos devoirs ; et telle fut notre conduite.

Eh ! dans quels temps encore, et devant quels hommes avions-nous cette pénible tâche à remplir !

On était alors dans la tourmente révolutionnaire : la loi des suspects exerçait ses horribles ravages : la mort promenait sa faux sanglante sur toutes nos têtes : tous les jours nous voyions du banc des accusés monter à l'échafaud une foule de victimes que nous avions inutilement défendus; et déjà nous étions menacés par la haine qui bientôt après nous fit proscrire comme des conspirateurs dans cette loi, digne de Dracon , par laquelle la *défense* fut supprimée comme *un acte criminel de complicité.*

Quant aux membres de l'affreux tribunal, l'histoire pourra les juger par leurs actions ; et pour en donner une idée et les peindre d'un seul trait , il me suffira de rappeler une seule de leurs paroles.

L'un d'eux , c'était Dumas , reprochant un

3.

jour à mes confrères et à moi les efforts que nous avions faits pour sauver des malheureux, nous disait froidement, « que nos défenses, » les formes du tribunal et le tribunal lui- » même étaient indignes de la nation ; et » que ce n'était ni au palais ni avec des » jugemens, mais dans la *plaine des Sablons* » *et avec de la mitraille,* que le *peuple devrait* » *se faire justice à lui-même.* »

Je frémis encore au souvenir de cette horrible idée. Nous crûmes entendre Caligula formant le vœu barbare, que le genre humain *n'eut qu'une seule tête, pour la trancher d'un seul coup.*

Ah ! je le demande : est-il aisé de se faire une idée de la situation où se trouva nécessairement l'âme des défenseurs prêts à plaider pour la Reine dans de telles circonstances , et devant de tels hommes ; surtout, lorsqu'ils n'avaient été chargés de cette mission que la *veille des débats ;* qu'ils n'avaient eu l'honneur de *conférer avec la Reine qu'un instant ;* qu'ils n'avaient pas même obtenu la permission d'*examiner les pièces du procès ;* qu'ils avaient été

obligés de *passer la nuit à se préparer*, comme ils le purent, sur les seuls interrogatoires
et l'acte d'accusation ; qu'ils venaient d'éprouver *les angoisses* et *les fatigues* d'un *débat
de vingt heures consécutives* ; et que, pourtant, je le répète, ils se trouvaient obligés
de *parler sans préparation ?*

Le Moniteur du temps, et après lui quelques écrivains, ont dit, sans parler de nos
plaidoiries, que les défenseurs de la Reine
avaient *sollicité la clémence du tribunal.*

Ces expressions semblent annoncer, non-
seulement que *nous n'aurions pas défendu
la Reine*, mais qu'au contraire *nous l'aurions,
en quelque sorte, reconnue coupable*, puisqu'on n'a pas besoin d'implorer la clémence
de la justice en faveur de l'innocence.

Cela est faux : et comme une telle supposition outrage à la fois, et la Reine et ses défenseurs, il est juste de faire connaître, à cet
égard, toute la vérité ; ou plutôt, je dirai que
cela importe en quelque sorte, à l'honneur
de la France elle-même ; en ce qu'il ne faut
pas que les étrangers et la postérité puissent

croire, que dans les temps horribles, où la Reine et madame Elisabeth ont été assassinées, elles aient péri sans défense ; ou, ce qui serait la même chose, pour ne pas dire plus affreux encore, que les Français, qui furent chargés de les défendre, n'aient pas senti toute l'importance et toute la grandeur de la mission qui leur était confiée : elles auraient eu des milliers de défenseurs non moins dévoués, si l'on eût voulu les entendre.

La vérité est donc, que ni la présence des bourreaux devant lesquels un mot, un geste, une réticence, pouvaient être un crime, ni l'appareil épouvantable de la mort, dont nous étions environnés, ne nous ont fait oublier nos obligations ; mais qu'au contraire, nous combattîmes avec chaleur, avec énergie, et de toutes nos forces, tous les chefs de l'accusation, et que *nous plaidâmes pendant plus de trois heures.*

Je voudrais pouvoir me rappeler et reproduire ici la belle défense de M. Tronçon-Ducoudray ; mais comme il ne m'est resté de son plaidoyer improvisé, que l'impression

que je ressentis alors en l'entendant, je ne
puis aujourd'hui rien en dire, si ce n'est que
M. Tronçon y fut digne de lui-même; et pour
tous ceux qui auront connu son grand talent,
je ne puis en faire un plus bel éloge. Hélas !
on sait qu'il a péri depuis à Sinnamarie, victime de la déportation qui avait eu lieu en
fructidor.

Pour moi, qui ai conservé toutes les
notes fugitives sur lesquelles je plaidai, j'y
vois que j'eus principalement à m'occuper,

1°. De ce qu'ils appelaient la dilapidation
des finances qu'on reprochait à la Reine, en
l'accusant d'avoir envoyé, de concert avec les
frères du Roi, des sommes considérables à
l'empereur Joseph;

2°. De ce qu'ils appelaient ses intelligences et
correspondances politiques avec les princes,
ses frères, ainsi que de la communication soi-
disant faite par elle, aux ennemis, de nos plans
de campagne;

3°. De ce qu'ils appelaient sa coopération à
la déclaration de guerre faite au Roi de Bohême et de Hongrie;

4°. De l'évacuation de la Belgique, dont on prétendait rendre la Reine responsable.

Après m'être plaint, dans mon exorde, de ce que, sans nous accorder le temps nécessaire pour l'examen des pièces, on nous forçait d'entreprendre, à l'improviste, une défense aussi importante; et après l'exposition des griefs de l'accusation que j'avais à combattre, je dis :

« Qu'au reste, dans ce procès tout extraor-
» dinaire, la postérité verrait avec étonne-
» ment, *que s'il y avait pour le défenseur*
» *quelque chose de difficile*, ce n'était pas de
» trouver des *réponses décisives, mais de*
» *rencontrer une seule objection sérieuse.* »

Ainsi, je n'eus pas de peine à prouver :

Que l'évacuation de la Belgique était l'ouvrage du général qui commandait l'armée, et non de la Reine;

Qu'on ne pouvait pas imputer à la Reine la déclaration de guerre faite au Roi de Bohême et de Hongrie, lorsqu'il était de notoriété dans toute l'Europe, que cette déclaration avait eu lieu contre l'opposition de la Cour elle-même, et par suite d'une délibération prise dans le conseil et d'un décret exprès de l'assemblée législative ;

Qu'il n'y avait aucune trace de la prétendue correspondance politique de la Reine, et beaucoup moins encore de la prétendue communication par elle faite de nos plans de campagne à ce qu'on appelait nos ennemis; puisqu'à cet égard, on ne représentait aucune lettre, aucun écrit, aucun témoignage.

Mais ce fut principalement sur la dilapidation supposée des finances que je portai toute mon attention ; parce que c'était aussi le chef d'accusation sur lequel on insistait davantage, comme étant le plus propre à faire impression sur la multitude : quoique pourtant il fût peut-être celui de tous qui se trouvât le plus dénué, je ne dis pas de preuves, ni même de vraisemblance, mais de la plus légère apparence de réalité, du plus faible adminicule, de l'indice même le plus frivole et le plus éloigné ; puisque l'accusateur public Fouquet-Tinville ne l'appuyait que sur sa propre déclaration et sur le plus absurde ouï-dire d'une domestique appelée femme Milot.

Cette femme déclarait que M. le duc de Coigny, qu'elle qualifiait de *comte*, et dont elle n'avait point l'honneur d'être connue, après lui avoir un jour demandé dans la galerie de Versailles, si elle savait des nouvelles, et sur sa réponse négative, lui avait dit qu'il allait lui en apprendre, et que la nouvelle de la Cour était que la Reine *avait*, *en 1788*, *fait passer des millions à son frère*.

« Quant à Fouquet-Tinville, comme il avait annoncé, dans son exposé, qu'il rapporterait, dans un bon de soixante ou quatre-vingt mille francs, soi-disant signé par la Reine, au profit de madame de Polignac, la preuve écrite de la prétendue dilapidation, il fit d'abord ordonner par le tribunal qu'on ferait à l'instant les recherches nécessaires pour le trouver au comité de sûreté générale, où il assurait qu'il était déposé; mais les recherches s'étant trouvées infructueuses, Fouquet-

Tinville déclara qu'au reste l'existence de ce bon ne pouvait être révoquée en doute, puisqu'il affirmait *l'avoir vu lui-même.*

En réfutant la déclaration de la femme Milot, je fis d'abord remarquer tout ce qu'il y avait d'absurde à supposer, que M. le duc de Coigny eût été faire à une telle femme, qu'il ne connaissait pas, une telle confidence ; et je fis observer qu'au reste, ou cette déclaration était vraie, ou elle était fausse : mais, que si elle était vraie, M. de Coigny, dans la distance infinie qui le séparait de cette femme, n'aurait évidemment voulu faire qu'une plaisanterie ; et que si elle était fausse, ainsi que cela ne paraissait pas douteux, alors la femme Milot n'était qu'un faux témoin coupable de calomnie.

En répondant ensuite à l'affirmation de Fouquet-Tinville, je fis observer que cette affirmation, étant au procès la seule preuve de la dilapidation supposée, je n'avais pas besoin de la réfuter, puisque l'accusateur-public ne pouvait pas être à la fois *l'accusateur* et le *témoin* dans une même affaire, sans devenir, en quelque sorte, *l'assassin des accusés*.

Enfin, après avoir détruit tous les chefs et tous les détails de l'accusation sans en omettre un seul, je finis, en disant : « Que je » croyais avoir tenu l'engagement que j'avais » contracté de démontrer jusqu'à l'évidence, » que rien ne pouvait égaler l'apparente » gravité de l'accusation, si ce n'était peut- » être la ridicule nullité des preuves. »

Assurément, les défenseurs qui ont parlé de l'innocence et de la pureté de la Reine avec cette profonde conviction, n'ont *pas sollicité la clémence de ses prétendus juges* (1).

J'avais ainsi plaidé pendant près de deux heures, j'étais accablé de fatigue ; la Reine eut la bonté de le remarquer, et de me dire avec l'accent le plus touchant :

---

(1) M. de Montjoie dans son histoire de la Vie de la Reine, et d'autres écrivains, tels que M. le chevalier de Vouzié et M. de Saint-Hugues, en rappelant quelques passages de nos plaidoiries, ont, au contraire, remarqué le soin et la vigueur que nous avions mis dans la discussion.

« Combien vous devez être fatigué,
» M. Chauveau-Lagarde! je suis bien sensible
» à toutes vos peines ! »

Ces mots, qu'on entendit autour d'elle, ne
furent point perdus pour ses bourreaux. La
séance fut un instant suspendue, avant que
M. Tronçon - Ducoudray prît la parole. Je
voulus en vain me rendre auprès de la Reine :
un gendarme *m'arrêta sous ses propres yeux.*
M. Tronçon-Ducoudray ayant ensuite plaidé,
fut arrêté de même en sa présence ; et, dès ce
moment, il ne nous fut plus permis de lui parler.

Nous fûmes d'abord gardés et retenus dans
le greffe en charte privée, pendant la délibération des jurés. Nous ne pûmes dès-lors
nous rendre auprès de la Reine durant
cet intervalle de temps, ainsi que nous le
lui avions promis : ce qui dut, sans doute,
lui donner de vives inquiétudes sur l'issue
de son procès, et ce qui fut pour nous un
grand sujet d'amertume et de douleur. Bientôt
les jurés rentrèrent à l'audience pour annoncer
le résultat unanime de leur délibération. Nous
fûmes *ramenés par les gendarmes, au milieu*

desquels la Reine put encore nous apercevoir *en arrestation*, pour être présens à la lecture qu'on allait lui faire de l'épouvantable arrêt qui la condamnait.

Nous ne pûmes l'entendre sans en être consternés : la Reine seule l'écouta d'un air calme, et l'on put seulement s'apercevoir alors qu'il venait de s'opérer dans son âme une sorte de révolution qui me parut bien remarquable. Elle ne donna pas le moindre signe, ni de *crainte*, ni d'*indignation*, ni de *faiblesse*. Elle fut comme anéantie par *la surprise*. Elle descendit les gradins, sans *proférer aucune parole*, ni faire *aucun geste*, traversa la salle, comme sans *rien* voir ni rien *entendre* : et lorsqu'elle fut arrivée devant la barrière où était le peuple, *elle releva la tête avec majesté*. N'est-il pas évident que jusqu'à ce moment terrible, la Reine avait conservé de l'espoir? et n'y a-t-elle pas fait éclater en même temps le plus admirable de tous les courages, puisqu'il ne *saurait y en avoir de plus grand que celui qui survit à l'espérance elle-même?*

Ce calme ne l'a point abandonnée jusqu'aux derniers momens. Rentrée à la prison, et avant de s'endormir, dans la sécurité de sa conscience, du sommeil des justes, elle écrivit à madame Elisabeth la lettre que la Providence vient de révéler au monde ; et ce monument éternel de *l'inébranlable fermeté* d'âme, ainsi que de *l'inépuisable bonté* de cœur qu'elle avait manifestées durant tout le cours de son procès, atteste : qu'après avoir tenu quelques instans encore à cette vie passagère, *par sa tendresse maternelle, par son amour pour sa famille, par le souvenir de ses amis, qu'elle DÉSIGNE VAGUEMENT SANS LES NOMMER,* elle a fini par s'en détacher tout-à-fait, pour se jeter dans les bras de la religion.

Cependant nous étions prisonniers dans la Conciergerie, où l'on nous avait reconduits après le jugement. On nous y retint en arrestation, dans deux endroits séparés, où nous passâmes la nuit. Le lendemain, nous fûmes interrogés par un émissaire du tribunal, et qui était accompagné de gendarmes. On nous de-

manda si la Reine ne nous avait pas fait connaître quelque conspiration ou quelque cons-
pirateur ; et, malgré notre résistance, *on
nous fouilla comme des criminels*, pour s'as-
surer si elle ne nous aurait pas confié des
papiers d'importance. Déplorables abus de la
tyrannie qui régnait alors, et qui ne regardait
pas comme inviolable la conscience d'un défenseur et d'un dépositaire! Si la Reine nous
avait fait quelque confidence, rien n'eût pu
nous déterminer à aucune révélation ; mais
nous n'eûmes pas, à cet égard, le mérite de la
réserve. Seulement il était arrivé que, dans
l'intervalle de nos deux plaidoiries, et lorsque j'étais déjà en arrestation, la Reine avait
remis à M. Tronçon-Ducoudray, avant qu'il
plaidât, pour les transmettre à une personne
désignée, une boucle de cheveux et deux an-
neaux d'or servant à la Reine de pendans d'o-
reille, enveloppés dans un papier cacheté. En
le fouillant, on trouva le paquet sur lui ; on s'en
empara : il ne fut plus le maître de le reprendre
après qu'on le lui eut enlevé ; et sans qu'il ait
eu rien à dire, il fut aisé d'en connaître la des-

tination, puisque le nom et l'adresse de la personne, qu'il m'a dit depuis n'avoir pas retenus,
étaient sur l'enveloppe (1).

Quant à la demande concernant les révéla-
tions que la Reine aurait pu nous faire, nous
répondîmes qu'elle ne nous en avait faite aucune.

On insista en ce qui me concernait. On me
rappela que la Reine m'avait, dans les débats,
fait signe de monter près d'elle aux gradins,
pour me parler à voix basse; et qu'on était
certain que, dans un autre moment, elle m'a-
vait parlé mystérieusement de Manuel, au-
quel je m'aperçus alors qu'on ne pardonnait
pas de ne l'avoir point calomniée; et de cette
confiance que la Reine m'avait témoignée publiquement, ainsi que de ce prétendu mys-

---

(1) C'était madame de Jarjayes, première femme
de la Reine; dont le mari avait préparé l'évasion du
Temple; qui avait elle-même par son dévouement
mérité la confiance de Sa Majesté, et qui fut, dans ce
temps, arrêtée pour en avoir reçu cette marque honorable de souvenir.

4

tère, on induisait qu'elle avait dû nécessairement me faire des confidences.

Je dis (ce qui était vrai,) que dans ces deux
occasions, comme dans toutes les autres, la
Reine ne m'avait entretenu que de sa défense;
et comme elle ne m'avait rien dit que je ne
pusse répéter sans manquer à mon devoir, je
l'expliquai de la manière que je l'ai dit dans
cette note; et les journaux du temps ont rendu
de cet interrogatoire un compte tellement in-
exact, qu'ils l'ont totalement dénaturé.

Après qu'on nous eut ainsi fouillés et interrogés, on nous laissa dans la prison, moins oc-
cupés de ce que nous allions devenir, que de
l'épouvantable issue de cet horrible procès.

Quand on nous mit en liberté...... *la Reine
n'existait plus !*

PROCÈS DE MADAME ÉLISABETH.

Sept mois après le jugement de la Reine,
je fus instruit, de la part de madame Élisabeth
de France, que j'étais nommé pour la défen-

dre; et je n'en fus prévenu, comme cela était arrivé pour la Reine, que *la veille même de son jugement*, c'est-à-dire, le 9 mai 1794.

Je me présentai à l'instant à la prison, pour m'entretenir avec elle de son acte d'accusation. *On ne voulait pas que je lui parlasse.* Fouquet-Tinville eut la perfidie de me tromper, en m'assurant qu'elle ne serait pas jugée de sitôt, et il me refusa l'autorisation de conférer avec elle.

Le lendemain, quelle fut ma surprise, lorsque m'étant rendu au tribunal, j'aperçus madame Élisabeth, environnée d'une foule d'autres accusés, sur le haut des gradins, où on l'avait placée tout exprès la première, pour la mettre plus en évidence !

Il en fut de son accusation comme de celle de la Reine; c'est-à-dire, que celle-ci n'ayant été, en d'autres termes, et sauf les particularités relatives aux personnes, que la répétition banale de l'accusation de conspiration intentée contre Louis XVI, celle de madame Élisabeth ne fut à peu près, et avec les mêmes

4.

différences, que la répétition de celle de la
Reine ; et (ce qui est digne d'observation)
de même que les accusateurs de la Reine
avaient été obligés de lui chercher de prétendus torts dans le secret de ses pensées, et
d'empoisonner les plus pures affections de son
cœur, pour lui en faire des crimes, de même
aussi ceux de madame Élisabeth ne trouvè-
rent de moyens de l'accuser qu'en transfor-
mant en des *actes de conspiration, des actes
de la plus douce bienveillance et de la plus
touchante humanité.*

Ainsi, l'accusation intentée contre cette
princesse, consistait en deux mots : à supposer qu'elle avait été ce qu'ils appelaient la
complice des prétendus actes de conspiration
imputés au Roi et à la Reine, dans les fameuses
journées des 6 octobre, 20 juin et 10 août,
où les misérables ayaient eux-mêmes conspiré
contre Leurs Majestés. On ajoutait à cette bi-
zarre espèce de complicité le reproche d'avoir
entretenu, de concert avec la Reine, le fils
du Roi (Louis XVII), dans l'espoir de suc-
céder au trône de son père, et d'avoir ainsi

provoqué la royauté : après quoi on terminait en l'accusant d'avoir DONNÉ DES SECOURS AUX BLESSÉS DU CHAMP-DE-MARS, ET DE LES AVOIR PANSÉS DE SES PROPRES MAINS.

Accusation monstrueuse et bien digne de ces temps d'irréligion et d'immoralité, où ce qui paraissait le plus criminel à ces pervers, était précisément ce qu'il y a de plus sacré parmi les hommes !

Mais à côté de ces traits de ressemblance, le procès de madame Élisabeth offre avec celui de la Reine une différence également digne d'attention.

Celui de la Reine avait donné lieu à vingt heures de débat ; et à l'audition d'un grand nombre de témoins, dont les dépositions tout insignifiantes qu'elles pussent être, présentaient néanmoins, avec un amas confus de pièces qu'on y avait rassemblées, les apparences d'une sorte d'instruction.

Au contraire, celui de madame Élisabeth ne présenta rien de semblable. On ne lui opposait aucune pièce ; aucun témoin ne fut en-

tendu contre elle ; on ne lui fit subir, à pro-
prement parler, aucun interrogatoire ; et tout
le débat, sauf une demande relative aux *panse-
mens des blessés*, une *concernant Louis XVII*,
et quelques autres insignifiantes, consista réel-
lement dans une seule question qui lui fut trois
fois réitérée au sujet de sa *complicité prétendue*
avec le Roi et la Reine, et dans la seule réponse qu'elle eut le courage d'y faire.

A la première, concernant les soins par
elle donnés aux blessés du Champ-de-Mars,
elle répondit :

« Que s'il lui était arrivé de donner des
» secours aux blessés, l'humanité seule avait
» pu la conduire dans le pansement de leurs
» blessures, puisqu'elle n'avait pas eu besoin de
» s'informer de la cause de leurs maux, pour
» s'occuper de leur soulagement ; qu'elle ne
» s'en faisait point un mérite, mais qu'elle
» n'imaginait pas non plus qu'on pût lui en
» faire un crime. »

A la deuxième demande, relative au fils
du Roi, Louis XVII, madame Élisabeth répondit :

« Qu'elle causait familièrement avec cet
» infortuné qui lui était cher à plus d'un titre;
» et qu'elle lui administrait, en conséquence,
» les consolations qui lui paraissaient capables
» de le dédommager de la perte de ceux qui
» lui avaient donné le jour. »

Quant à ce qu'ils appelaient la complicité
de madame Élisabeth avec le Roi et la Reine,
dans les horribles journées des 6 octobre,
20 juin et 10 août, le président pour unique
preuve s'étant contenté de lui demander trois
fois, *où elle était à ces trois époques;* madame Élisabeth, qui sentait très-bien l'objet
et la conséquence de ces trois questions, répondit en ces termes :

A la première question,

Où étiez-vous au 6 octobre ?

Madame Élisabeth répondit avec douceur :

« J'étais avec le Roi et la Reine. »

A la deuxième question,

Où étiez-vous au 20 juin ?

Elle répondit de même :

« J'étais avec le Roi et la Reine. »

Et à la troisième,

Où étiez-vous au 10 août ?

Elle répondit avec un ton plus ferme et une dignité encore plus imposante :

« J'étais avec le Roi et la Reine : car je ne
» les ai jamais quittés dans ces grandes oc-
» casions. »

Que de véritable magnanimité dans ces réponses, à l'instant même, et comme en présence de la mort !

Ici le Moniteur, et après lui les historiens, *ne parlant point de la défense de madame Élisabeth*, semblent annoncer par *leur si-lence*, *qu'elle n'aurait pas été défendue*. Eh ! cependant, quoique le débat n'eût duré qu'un instant, et qu'on m'eût interdit toute confé-rence avec elle, je pris la parole ; et voici en substance quelle fut ma plaidoirie.

Je fis observer qu'il n'y avait au procès, qu'un *protocole banal d'accusation, sans pièces, sans interrogatoire ; sans témoins* ; et que par conséquent, là, *où il n'existait aucun élément légal de conviction*, *il ne saurait y avoir de conviction légale*.

J'ajoutai qu'on ne pouvait donc opposer à l'auguste accusée que ses réponses aux questions qu'on venait de lui faire ; puisque c'était dans ces réponses elles seules que tous les débats consistaient : mais que ces réponses elles-mêmes, loin de la condamner, devaient, au contraire, l'honorer à tous les yeux, puisqu'elles ne prouvaient rien autre chose que *la bonté de son cœur* et *l'héroïsme de son amitié.*

Puis, après avoir développé ces premières idées, je finis, en disant : qu'au lieu d'une *défense*, je n'aurais plus à présenter pour madame Élisabeth que son *apologie ;* mais, que dans l'impuissance où j'étais d'en trouver une qui fût digne d'elle, il ne me restait plus qu'une seule observation à faire : c'est que la Princesse, qui avait été à la cour de France *le plus parfait modèle de toutes les vertus, ne pouvait pas être l'ennemie des Français.*

Il est impossible de peindre la fureur avec laquelle Dumas, qui présidait le tribunal, m'apostropha, en me reprochant *d'avoir eu l'audace de parler* de ce qu'il appelait *les prétendues vertus de l'accusée*, et *d'avoir*, *ainsi corrompu la morale publique* : il fut aisé de s'apercevoir que madame Elisabeth, qui, jusqu'alors, était restée calme et comme insensible à ses propres dangers, fut émue de ceux auxquels je venais de m'exposer : et après avoir, comme la Reine, entendu sans s'émouvoir son arrêt de mort, comme la Reine, elle a consommé paisiblement le grand sacrifice de sa vie.

Maintenant, je ne crains pas que ma profonde et respectueuse admiration pour la Reine et pour madame Elisabeth de France exagère à mes yeux la grandeur et la beauté de leur caractère.

Qu'y a-t-il, en effet, de plus admirable que cette *inébranlable fermeté d'âme*, réunie à tant de *douceur* et de *bonté*, avec lesquelles la Reine a su, tantôt se défendre personnellement contre le mensonge et la calomnie, tantôt oublier ses propres intérêts pour justifier les autres; mais toujours Reine, toujours mère, toujours épouse, toujours elle-même, finir, comme Louis XVI,

par demander à Dieu la grâce de ses bourreaux; et subir ainsi, sans aucune altération,
la plus terrible épreuve à laquelle il soit possible de réduire la faible humanité?

Quant à madame Elisabeth de France,
forcée, ainsi que la Reine, *de se justifier de
ses propres vertus*, comme d'autant de crimes,
ne s'est-elle pas aussi, par son angélique ré-
signation, élevée comme elle au-dessus de
l'humanité même?

L'imagination de l'un des premiers poëtes
de l'antiquité n'a pu concevoir, dans la pein-
ture qu'il nous a tracée de l'homme vertueux,
un trait plus imposant de son grand caractère,
qu'en nous le représentant au milieu des
ruines de l'univers qui viendrait à s'écrouler
autour de lui, *calme* et *inébranlable*.

Ce tableau de l'homme de bien, immobile
au milieu des décombres du monde, tout
sublime qu'il soit, est une image encore im-
parfaite de la Reine et de madame Élisabeth
de France, environnées des sanglans débris
du trône et de la fortune, tombées du som-

met des grandeurs, jetées dans les cachots de l'infamie et du crime ; abreuvées d'humiliations ; et conservant néanmoins, dans cet épouvantable déchaînement de toutes les douleurs et de toutes les infortunes humaines, *leur religieuse impassibilité.*

FIN.

NOTA.

Lorsque j'eus défendu madame Élisabeth, et après l'audience, le président, qui m'avait reproché publiquement d'*avoir*, en parlant des vertus de la Princesse, *corrompu la morale publique*, proposa au tribunal de me faire arrêter. On ne l'osa pas encore, parce qu'on voulait avoir l'air de laisser aux défenseurs, tant qu'ils ont existé, la liberté de la défense : et je ne le fus qu'au mois de juillet suivant, après la loi du 9 juin, qui supprima notre ministère, sous le prétexte, dit le rapporteur de la loi dans son rapport (ce sont ses propres expressions),

« Que nous faisions retentir le *tribunal de nos blas-*
» *phêmes* contre la révolution, et que nous étions les
» fauteurs salariés *de la tyrannie*, voués par état *à la*
» *défense des ennemis du peuple* (*). »

Avant cette époque, c'est-à-dire, dès le mois d'avril précédent, et avant la défense de madame Élisabeth, a commune de Paris, et Payan, son agent national, qui la dirigeait, et qui ayant été juré au tribunal révolutionnaire, ne pouvait me pardonner la manière dont j'y avais rempli mes devoirs, m'avaient déjà refusé le certificat de civisme et le passeport dont j'avais besoin pour me retirer à la campagne, *par le motif, que j'avais défendu la Reine*, qu'ils désignaient

---

(*) Voyez son rapport dans le Moniteur du temps.

dans leur infame langage, sous le nom de *la Capet :* et
l'on se rappelle que, *d'après la loi des suspects*, le refus
du certificat me frappait de *suspicion ;* et que ma suspicion entraînait *mon arrestation ;* et mon arrestation,
une mort certaine.

En vain leur avais-je fait observer que la défense est de
droit naturel, que la loi même donnait alors des défenseurs aux accusés; et qu'ainsi l'on ne pouvait me faire
un crime d'avoir rempli un devoir aussi sacré.

Ils exigèrent de moi que j'écrivisse au tribunal révolutionnaire une lettre par laquelle je formerais ma demande en y protestant de mon civisme et qu'ils se
chargeraient de remettre au président.

Assurément, je pouvais refuser d'écrire cette lettre,
puisque j'étais libre de faire *le sacrifice de ma vie ;* et si
je l'eusse refusé, *mon arrestation*, et suivant toutes
les apparences, *ma mort*, étaient en effet inévitables.

Mais je pensai, je l'avoue, que nous ne devions ce
grand sacrifice à la loi, *que dans les actes de notre ministère*, parce que c'était seulement *dans l'exercice
de nos fonctions*, que la loi nous faisait un devoir du
dévouement, et s'il le fallait même du *martyre* pour
sauver l'innocence : mais que dans toutes les autres occasions où il n'était question que de nous-mêmes, nous
pouvions, sans manquer à nos devoirs, chercher à
nous sauver la vie, après l'avoir exposée pour la con-
server aux autres.

J'écrivis donc le 9 avril 1794, cette lettre, qui n'avait

aucun rapport à la défense de la Reine, puisqu'il y avait six mois que la Reine *n'existait plus*, mais qui ne *concernait que moi seul*, et n'avait d'objet, sans nuire à personne, que d'échapper à la fureur de ces brigands ; et je l'écrivis telle qu'ils me l'avaient dictée, *sans me permettre d'en choisir les expressions :* à peu près comme j'aurais parlé dans une forêt à des assassins qui m'auraient demandé la bourse ou la vie ; et si elle renferme quelques termes inconvenans, on ne doit pas en être étonné, puisqu'elle était l'ouvrage de ces misérables.

Elle resta quelque temps sans effet. Je fus, un mois après, chargé de la défense de madame Élisabeth, dans laquelle j'ai rempli mon devoir, ainsi que je viens de le dire : le 9 juin suivant, notre ministère de défenseurs fut supprimé. Alors, j'obtins mon certificat, et mon passeport *le 24 juin ;* je partis pour Chartres, ma ville natale, le 25 ; le 27, Payan, qui me les avait fait délivrer, écrivit à Robespierre une lettre par laquelle il me désigne à ce tyran comme une victime nécessaire au salut public de la France ; et dans laquelle, en rappelant le reproche qui m'avait été fait par le président du tribunal, après la défense de madame Élisabeth, il me place, dans la même phrase, au nombre des hommes qui *avaient essayé de corrompre la morale publique* (*) ; *le 1er juillet*, je fus

-----

(*) *V.* le rapport de Courtois à la Convention, sur les papiers trouvés chez Robespierre, pages 48 et 215.

arrêté à vingt lieues de Paris, ramené par deux gendarmes directement à la *prison de la Conciergerie ;* et
l'ordre de mon arrestation qui me fut communiqué,
était de me traduire *sous trois jours au tribunal révolutionnaire* pour y être jugé : *attendu qu'il était
temps que le défenseur de la Capet* (c'était leur
expression), *portât sa tête sur le même échafaud.*

Je fus oublié dans la foule des victimes que ce tribunal immolait sans relâche : je ne réclamai point ; je
gagnai du temps, et, *après quarante jours de captivité dans cette prison* je fus mis en liberté, *dix jours
après la mort de Robespierre et de Payan qui m'avaient
fait arrêter.*